BEI GRIN MACHT SICH IHR WISSEN BEZAHLT

- Wir veröffentlichen Ihre Hausarbeit,
  Bachelor- und Masterarbeit

- Ihr eigenes eBook und Buch -
  weltweit in allen wichtigen Shops

- Verdienen Sie an jedem Verkauf

**Jetzt bei www.GRIN.com hochladen
und kostenlos publizieren**

Bibliografische Information der Deutschen Nationalbibliothek:

Die Deutsche Bibliothek verzeichnet diese Publikation in der Deutschen National-
bibliografie; detaillierte bibliografische Daten sind im Internet über http://dnb.d-
nb.de/ abrufbar.

Impressum:

Copyright © 2017 GRIN Verlag, Open Publishing GmbH
Druck und Bindung: Books on Demand GmbH, Norderstedt Germany
ISBN: 9783668533431

Dieses Buch bei GRIN:

http://www.grin.com/de/e-book/375729/der-postmoderne-roman-und-die-autorin-
raya-mann

David Förtsch

Der postmoderne Roman und die Autorin Raya Mann

GRIN Verlag

Der postmoderne Roman (PMR)

und die Autorin Raya Mann

David Förtsch

16. August bis 24. September 2017

Inhaltsverzeichnis

Werkverzeichnis von Raya Mann   3

1. Begründung   4

2. Wirklichkeiten und Figuren   5

3. Der PMR spielt mit der Fiktion, die Erzählung sei nicht-fiktiv.   5

4. Der PMR stellt die Brüchigkeit der Wirklichkeiten und der Figuren dar.   7

5. Der PMR wechselt zwischen narrativem und nicht-narrativem Text.   9

6. Der PMR zitiert Texte und Autoren.   10

7. Der PMR thematisiert das Lesen und das Schreiben.   14

8. Der PMR entsteht nicht beim Schreiben, sondern beim Lesen.   15

Literatur   20

Werkverzeichnis von Raya Mann

Die bisher vier Bücher erschienen in den Jahren 2015, 2016 und 2017. Sie werden im vorliegenden Artikel nach den vier neuen Taschenbuchausgaben von 2017 zitiert unter der Sigle (Mann 2017) mit Angabe der Seitenzahl.

Agnes betet
Roman von Raya Mann (2015)
ISBN: 978-3-7450-2184-4 (Softcover)
ISBN: 978-3-7380-1239-2 (E-Book)

Die eine wahre Liebe
Roman von Raya Mann (2015)
ISBN: 978-3-7450-2185-1 (Softcover)
ISBN: 978-3-7380-8188-6 (E-Book)

Serenus Roman Teil 1
Herausgegeben von Raya Mann (2016)
ISBN: 978-3-7427-0264-7 (Softcover)
ISBN: 978-3-7380-8705-5 (E-Book)

Serenus Roman Teil 2
Herausgegeben von Raya Mann (2017)
ISBN: 978-3-7427-0267-8 (Softcover)
ISBN: 978-3-7427-9866-4 (E-Book)

1. Begründung

Der Autor des vorliegenden Artikels begann 1973 sein Studium an der geisteswissenschaftlichen Fakultät. Die Professoren und Studenten der Romanistik hatten, weil die neuen Denker in Frankreich publiziert worden waren, den Paradigmenwechsel vom Strukturalismus und Konstruktivismus zum Dekonstruktivismus zur Kenntnis genommen und waren auf den Ausbruch des Diskurses vorbereitet. Die Theorie über die postmoderne Literatur spielte in diesem Diskurs eine wichtige Rolle.

Nun sind fünfzig Jahre vergangen, seit Jacques Derrida seine Schriften De la Grammatologie (Derrida 1967), La Voix et le Phénomène (Derrida 1967) und L'Écriture et la Différence (Derrida 1967) veröffentlichte. Der Diskurs über die postmoderne Literatur ist versiegt. Die Theorie, die formuliert wurde, und die Theoretiker, die die Beiträge formulierten, sind Geschichte geworden. Die literarischen Merkmale des postmodernen Romans (PMR) sind inzwischen wissenschaftliche Konventionen geworden. Sie unterstehen der stillen Übereinkunft und dem erreichten Stand des Wissens. In den meisten Fällen müsste ihre primäre Herkunft aus dem Kanon der Veröffentlichungen rekonstruiert werden. Die folgenden zehn Thesen wurden für diesen Artikel formuliert, ohne irgendeinen Anspruch auf Urheberschaft zu beanspruchen.

Der PMR

... spielt mit der Fiktion, die Erzählung sei nicht-fiktiv.

... stellt die Brüchigkeit der Wirklichkeiten und der Figuren dar.

... wechselt zwischen narrativem und nicht-narrativem Text

... zitiert Texte und Autoren.

... thematisiert das Lesen und das Schreiben.

... entsteht nicht beim Schreiben, sondern beim Lesen.

... äußert sich selbstreflexiv zur literarischen Selbstreferenz.

... benützt wechselnde Zeitachsen und Erzählperspektiven.

... beschreibt einen geschichtlich-gesellschaftlichen Kontext.

... bestreitet die Trennung von Unterhaltungs- und Hochliteratur.

Vermutlich gibt es kaum Romane, die alle zehn Prinzipien erfüllen. Solche Prinzipien kommen jedoch auch in Romanen zur Anwendung, die nicht als postmodern zu klassifizieren sind. Der vorliegende Artikel beschränkt sich auf die ersten sechs Thesen. Die letzten vier werden aus unterschiedlichen Gründen nicht behandelt.

1. Raya Mann deutet die Selbstreferenz ihres literarischen Schaffens nur sehr selten und vage an.

2. Wechselnde Zeitachsen kommen nur in *Die eine wahre Liebe* (Mann 2017) zur Anwendung, wechselnde Erzählperspektiven gar nicht.

3. Um den geschichtlich-gesellschaftlichen Bezügen in Raya Manns Romanen gerecht zu werden, wäre eine umfangreichere Untersuchung notwendig als die vorliegende.

4. Die Frage nach Unterhaltungs- oder Hochliteratur würde ohnehin mit sowohl als auch beantwortet werden.

Der oben erwähnte Zeitgeist der Siebziger Jahre prägte den Autor nicht nur als Intellektuellen, sondern auch als Leser. Als 2015 der erste Roman von Raya Mann veröffentlicht wurde, schien das der Beweis zu sein, dass der PMR kein „Auslaufmodell" sei. Die nachfolgenden drei Bücher bestätigten diesen Eindruck. Raya Mann ist allerdings ein Pseudonym und selbst im Internet sind keine gesicherten Informationen über die Schriftstellerin zu finden. Wir wissen nichts über ihre Vita, also auch nicht, in welcher Zeit die Werke entstanden sind.

2. Wirklichkeiten und Figuren

Jeder Roman handelt von Wirklichkeiten und Figuren. Die Wirklichkeiten hinterlassen bei den Figuren mentale Spuren, wie zum Beispiel Gedanken, Gefühle, Erinnerungen, Absichten usw. Diese mentalen Spuren steuern die Figuren bei ihrer Interaktion sowohl mit den Wirklichkeiten als auch mit den anderen Figuren. Romanhandlungen bestehen aus dem, was die Figuren denken und tun, um sich mit den Wirklichkeiten und Figuren auseinanderzusetzen.

In vielen Romanen werden die Wirklichkeiten vom Genre mitbestimmt, wie zum Beispiel im Kriminalroman, Fantasy-Roman, historischen Roman, Großstadtroman usw. Diese Beispiele illustrieren, dass die Wirklichkeiten neben den Figuren die wichtigsten Elemente des Romans darstellen.

Jeder Roman handelt von mehreren Wirklichkeiten und mehreren Figuren. Es ist diese Komplexität, die einen belletristischen Prosatext zum Roman macht. Eine Erzählung mit nur einer Wirklichkeit und Figur ist kein Roman. Die Taube von Patrick Süskind (Süskind 1990) zum Beispiel wird als Novelle bezeichnet.

Die genannten Grundsätze gelten natürlich auch für den PMR. Doch in dieser Literaturgattung kommen weitere Gestaltungsprinzipien zur Anwendung, wie die in den zehn Thesen oben aufgeführten.

3. Der PMR spielt mit der Fiktion, die Erzählung sei nicht-fiktiv.

Der PMR beruft sich zum Beispiel auf verbriefte Zeugnisse, historische Umstände und Ereignisse, auf die Biografie oder Autobiografie des Protagonisten. Der Erzähler greift auf wirkliche oder fiktive Begebenheiten und Dokumente zurück. Die Erzählung macht immer wieder den Anschein, ein Bericht oder ein Tatsachenroman zu sein. Der Leser soll meinen oder wünschen, die Geschichte sei wahr. Diese vorgetäuschte Nicht-Fiktionalität kann eine oder mehrere Wirklichkeiten und/oder Figuren betreffen, aber nicht unbedingt alle.

Agnes betet (Mann 2017) kann vom Wahrheitsgehalt her als „Märchen" bezeichnet werden. Die entscheidenden Wirklichkeiten der Hauptfiguren Serenus und Agnes sind die obskure Suchtklinik sowie die Legende der Heiligen Agnes von Rom zusammen mit dem mittelalterlichen Kloster und dem Renaissance-Gemälde.

Die Psychiatrie, das Milieu mitsamt Nebenfiguren, werden mit einer Genauigkeit beschrieben, als handle es sich um eine objektive Wirklichkeit. Serenus führt mit mehreren Nebenfiguren erschöpfende psychologische Gespräche. Sie sind in direkter Rede verfasst und muten an wie Protokolle. Die Klinik mit ihren Angestellten und ihrer Infrastruktur wird ebenso akribisch beschrieben wie die den Patienten verordneten Medikamente. Dies erzeugt den Eindruck, die Hauptfigur – oder die Autorin – kenne die Psychiatrie aus eigener Anschauung. Dagegen wirkt die Figur der Agnes schwer fassbar und ihre persönliche Geschichte zusammen gesponnen. Doch das könnte durchaus gewollt sein. Es liegt im Bereich des Möglichen, dass die weibliche Hauptfigur der wahre Kern und alles andere darum herum gedichtet ist.

Für die „Echtheit" des Klosters und des Gemäldes der Heiligen Agnes bürgt eine weitere Hauptfigur, der Bruder von Serenus. Er ist der gelehrte Theologe und Historiker, der einfach alles weiß. Die Auskünfte, die er über Jahreszahlen und Persönlichkeiten gibt, halten der Prüfung stand. Die Indizien scheinen erdrückend. Das nichtexistierende Kloster kann kein Hirngespinst sein.

Die eine wahre Liebe (Mann 2017) ist ein Roman in Ich-Form. Die Autorin selbst ist sowohl die Erzählerin als auch die Protagonistin. Im Vorwort nimmt Raya Mann Stellung zur autobiografischen Notwendigkeit, ihr Leben aufzuschreiben. Die Erzählung gibt also vor, ein Bekenntnis oder zumindest ein Schlüsselroman zu sein. In diesem Werk gibt es viele vielschichtige Wirklichkeiten und Figuren. Sie werden alle mehr oder weniger so eingeführt und ausgeschmückt, als ob es sich um Elemente einer wahren Geschichte handle. Zwei davon sind in diesem Kontext besonders wichtig.

Im Zentrum steht die Beziehung zwischen der Figur der Raya und der Figur des Serenus. Die beiden verbindet eine gemeinsame Wirklichkeit, ihre Vergangenheit als Mann und Frau. Offenbar handelt es sich um eine problematische Liebe, doch sie wird im Verlauf der Erzählung immer wirrer. Das Geheimnis um diese Bindung wird erst am Schluss des letzten Kapitels gelüftet. Also berichtet die Autorin Raya Mann von einer angeblich wahren autobiografischen Liebesgeschichte, unterschlägt dabei aber die bedeutsame Wirklichkeit, dass Raya und Serenus keine intime Paarbeziehung hätten haben dürfen. Dies wird erst dann verständlich, wenn die angeblich nicht-fiktive Geschichte bis zur letzten Konsequenz vorgetragen wird.

Rayas zweite Wirklichkeit ist ihre berufliche Stellung. Sie hat eine Professur für Sprachwissenschaften an einer kleinen Universität. Sie berichtet von ihrem Studium, ihrer Promotion, ihrem Aufstieg von der Assistenzprofessur bis zum eigenen Lehrstuhl. Ebenso breitet sie ihre gegenwärtigen akademischen Interessen aus. Das Berufs- und Privatleben der erfolgreichen Wissenschaftlerin ist eines der zentralen

Elemente von *Die eine wahre Liebe* (Mann 2017). Der Leser soll glauben, dass die Autorin Raya Mann im wirklichen Leben eine solche Linguistikprofessorin sei.

Im Nachwort zu *Die eine wahre Liebe* (Mann 2017) erwähnt Raya Mann ein tausendseitiges Manuskript. Es handle sich um einen Text, den Serenus über sein Leben verfasst habe. Im Vorwort zu *Serenus Roman Teil Eins* (Mann 2017) erklärt Raya Mann, dass sie nicht die Autorin dieses Textes sei, sondern nur die Herausgeberin. Serenus habe einen autobiografischen Roman geschrieben und das Manuskript Agnes zur Aufbewahrung gegeben. Sie selbst habe den Text „nur" überarbeitet. Im Vorwort zu *Die eine wahre Liebe* (Mann 2017) wiederum behauptet Raya Mann, sie müsse ihre Liebesgeschichte mit Serenus festhalten, weil er diese in seinem autobiografischen Roman unterschlagen habe. Es wird also unterstellt, Raya Manns Werke seien nichtfiktiv. Demnach wären *Die eine wahre Liebe* (Mann 2017) ihre authentische Lebensbeichte und *Serenus Roman Teil Eins* (Mann 2017) und *Serenus Roman Teil Zwei* (Mann 2017) die Bekenntnisse ihres verflossenen Lebenspartners. Aus diesem Konstrukt könnte man schließen, dass Raya Mann aus gutem Grund unter Pseudonym veröffentlicht.

4. Der PMR stellt die Brüchigkeit der Wirklichkeiten und der Figuren dar.

Dabei geht es um das Paradoxon, dass die vorgegebene Welt zwar die schlechteste, aber gleichzeitig die bestmögliche aller Welten ist. Eine bessere Wirklichkeit als die vorhandene gibt es nicht, allerdings auch keine schlechtere. Das Individuum bekommt nie die Chance, das Richtige zu tun. Es wird vor ein Dilemma nach dem anderen gestellt. Alle Entscheidungen, die es treffen muss, beinhalten die Wahl zwischen sinnlosen, zu nichts führenden Alternativen. Der PMR stellt Wirklichkeiten dar, in der Ideale und Verheißungen „Halluzinationen" sind, während sich die Figuren immer tiefer in die Aussichtslosigkeit hineinmanövrieren.

In *Agnes betet* (Mann 2017) ist die weibliche Hauptfigur schwer traumatisiert. Die Erzählung ist so angelegt, dass sich Agnes zwischen dem Leid oder dem Suizid entscheiden muss. In Punkto Liebe kann sie wählen zwischen einem ebenso kranken Verehrer und Mitpatienten und ihrem „normalen" Verlobten, den sie gar nicht liebt, oder Serenus, der in ihr die Reinkarnation der Heiligen Agnes von Rom sieht. Am Ende bleibt nur Serenus übrig und es bleibt offen, ob er sich mit Sterbehilfe oder mit Lebenshilfe hervortut. Serenus, die männliche Hauptfigur von *Agnes betet* (Mann 2017), hat die Wahl zwischen zwei Drogen, dem Alkohol und dem Wundermittel Donoramatin, das ihm die Ärzte in großzügiger Dosierung verabreichen. Es liegt in der Natur des Wirkstoffs, dass die Versuchsperson den fortschreitenden Realitätsverlust nicht wahrnehmen kann. Somit kann Serenus auch der Faszination seiner Märtyrerin nicht wiederstehen. Agnes kennt sich mit dem Gesetz aus und lässt ihm die Wahl zwischen Beihilfe zum Selbstmord und Tötung auf Verlangen.

Die eine wahre Liebe (Mann 2017) stellt die Brüchigkeit der Wirklichkeiten und der Figuren anders dar, nämlich vielfältiger und damit auch vieldeutiger. In zehn Kapiteln erzählt Raya abwechselnd von den aktuellen Ereignissen – Juni bis Oktober 2014 – und von den Ereignissen der Jahre 1975 bis 2013. Auf der aktuellen Zeitachse werden, neben Raya, vier weibliche Hauptfiguren eingeführt: Eva, Nobila, Stefanie und Agnes. Somit ist Serenus die einzige männliche Hauptfigur. Die fünf weiblichen Figuren unterscheiden sich im Grad ihrer Brüchigkeit und in ihrem Einfluss auf den Fortgang der Geschichte.

Nobila wird von einem Stalker namens François verfolgt, gegen den sie sich erst mit Rayas Hilfe zur Wehr setzen kann. Sie hält Raya dazu an, sich mit Serenus und mit der Vergangenheit auseinanderzusetzen. Die Selbstmörderin Agnes ist von Serenus schwanger. Raya ist die einzige Person, die Agnes um Hilfe bitten kann. Im Vergleich zu Nobila und Agnes sind Eva und Stefanie gut geerdete Menschen, die nicht so schnell ihre Fassung verlieren, oder aber ihre Fassung schnell wiederfinden.

Die aktuelle Wirklichkeit von Raya und Serenus besteht aus den Mails, die er ihr aus der Klinik schickt. Das Paar ist seit acht Jahren getrennt, ohne jeden Kontakt. Die Mails sind auf verstörende Weise so nichtssagend wie vieldeutig, sodass Raya sie nur mit Evas und Nobilas Unterstützung verdauen kann. Nach und nach flicht Serenus auch seine Beziehung zur Mitpatientin Agnes in die Mails ein und bringt damit Raya und ihre Freundinnen in Zugzwang.

Auf der Zeitachse der Vergangenheit geht es um die Entscheidungen, mit denen Raya und Serenus als Jugendliche und als Erwachsene die Brüchigkeit ihrer Wirklichkeiten mitverursachen. Raya, noch zwischen Kindheit und beginnender Pubertät, verlangt vom zehn Jahre älteren Serenus, dass er ihr erster Mann werde. Während drei Jahren bleiben sie, ganz im Versteckten, ein „unheimliches" Paar. Die darauffolgenden dreizehn Jahre, d.h. ihre ganze Adoleszenz, verbringt Raya als Wesen ohne Geschlechts- oder Liebesleben. Erst als sie ihre Doktorarbeit veröffentlicht hat, meldet sich Serenus wieder. Die beiden beschließen zusammenzuleben. Als deutlich wird, dass Serenus mit Raya Kinder haben möchte, sie aber nicht mit ihm, trennen sie sich zum zweiten Mal. Raya geht keine Beziehung mehr ein, sondern widmet sich ihrer akademischen Karriere. Sie ist inzwischen 39, als Serenus sie im Juni 2014 mit seinen Mails aufschreckt. Damit beginnt der Roman. Dass es trotz allem zu einer Art Happy End kommt, ist kein Argument gegen die Kategorisierung als PMR.

Ein solcher ist auch Raya Manns großer Roman. In *Serenus Roman Teil Eins* (Mann 2017) erzählt Raya Mann die Geschichte der männlichen Hauptfigur als Schüler und als Student. Die Geschichte folgt den Frauennamen, mit denen die neun Kapitel überschrieben sind. Trotz der vielen positiven und negativen Liebeserfahrungen gewinnt Serenus nicht an Reife. Im Gegenteil, er verstrickt sich immer mehr in seine eigenen Sehnsüchte, sodass seine Gefühle Frauen gegenüber zunehmend ambivalent werden und sein Verhalten immer neurotischer. In *Serenus Roman Teil Zwei* (Mann 2017) setzt Raya Mann die Destruktion seiner Beziehungsfähigkeit fort, bis zum Alter von 43 Jahren. Serenus unternimmt erotische „Exkursionen", die beim Leser wachsende Beklemmung auslösen. Die Brüchigkeit der Figur und ihrer Wirklichkeit führen in eine Spirale aus Trostlosigkeit und Sinnlosigkeit. Allerdings stellt der PMR das Versagen des Helden eher als Einzelfall und weniger als Exempel für das Menschsein überhaupt dar.

5. Der PMR wechselt zwischen narrativem und nicht-narrativem Text.

Im Duden wird *fabulieren* wertfrei definiert als „fantasievoll erzählen, Geschichten erfinden und ausschmücken". Mit leicht negativer Konnotation definiert das freie Wörterbuch Wiktionary *fabulieren* mit „übertrieben kunstvoll, fantasievoll Texte schreiben, verfassen". Tatsächlich legt der PMR Wert auf die Schöpfung ungewöhnlicher, unwahrscheinlicher, unwirklicher und mysteriöser Geschichten, die sich nicht an den Wirklichkeiten einer objektiv-empirischen Welt messen lassen. Die Aufgabe des Autors ist jedoch ambivalent. Einerseits darf er sich einige Freiheiten herausnehmen, andererseits verpflichtet er sich zu besonderer Originalität. Damit wird der PMR zu einem „Fantasie-Wettbewerb" unter Autoren wie Umberto Eco, Patrick Süskind, Michel Houellebecq, Peter Stamm, Haruki Murakami, Harry Mulisch, Anthony Doerr, John Irving, Carlos Ruiz Zafón, Irvin D. Yalom und vielen anderen.

Zu dieser Art des Fabulierens gehören Wirklichkeiten und Figuren, die den Leser faszinieren und ihn neugierig auf den Fortgang der Geschichte machen. Hinzu kommt ein Erzählfluss, der zwischen verschiedenen Tempi, Perspektiven, Handlungssträngen und Zeitachsen wechselt. Des Weiteren gehört dazu ein Schreibstil, der aus dem Vollen schöpft. Postmoderne Schriftsteller erfinden neue Wörter, Wendungen, Metaphern, Vergleiche und Bilder. Für den PMR stellt die Formel *anything goes* nicht etwa eine Legitimation dar, sondern ein Imperativ. Der Schriftsteller *muss* zeigen, dass er viele Register hat und sie auch zu ziehen weiß.

Von den narrativen Passagen heben sich die nicht-narrativen Passagen ab. Der PMR besteht nicht nur aus dem, was die Figuren innerhalb ihrer Wirklichkeiten erleben, sondern auch aus scheinbar notwendigen sachlichen Informationen und Reflexionen. Der Fluss der Erzählung staut sich, weil der Leser zum Mitdenken aufgefordert wird.

Agnes betet (Mann 2017) ist eine solche Erzählung mit nicht-narrativen Textteilen. Der Roman hat kaum begonnen, als Serenus auf Geheiß der Psychiaterin einen Bericht über seine Krankheit verfasst. Ein paar Seiten weiter hält ihm die Ärztin einen Vortrag über ein neuartiges Medikament, mit dem Serenus behandelt werden soll. Es folgt ein Kapitel, in dem die Legende der Heiligen Agnes von Rom erklärt wird. Eine zentrale Wirklichkeit der Geschichte ist das nichtexistierende Kloster, die frühmittelalterliche

Priorei Sankt Agnes, mit einem Renaissance-Gemälde der Heiligen. In mehreren langen Dialogen erhält Serenus von seinem Bruder alle möglichen wissenschaftlichen Erklärungen zur Geschichte des Klosters und des Gemäldes. Anti-narrativ gewertet werden können auch die drei kurzen, in die Handlung eingeschobenen Rezensionen zu Werken des Schriftstellers Haruki Murakami.

Die eine wahre Liebe (Mann 2017) weist auch solche anti-narrative Passagen auf, die oftmals mit Rayas Beruf zu tun haben. Im ersten und dritten Kapitel nimmt sie an einer Tagung zum Thema *Sprache und Psychiatrie* teil. Die Zusammenfassung der acht Vorträge beansprucht immerhin sechs bis sieben Buchseiten. Mit dreißig Jahren bekommt Raya ihre erste Stelle an der Universität und sie beschreibt ausführlich deren Organisation sowie das Forschungsprojekt für die Habilitation als Professorin. Ähnlich genau wird die Thematik ihrer Dissertation dargestellt. Der Roman enthält weitere Beispiele dieser Art.

Serenus Roman Teil Eins (Mann 2017) enthält besonders viele antinarrative Passagen. Die erste ist die Zusammenfassung eines pornografischen Romans, den der jugendliche Held zwischen den Sachen seines Vaters aufstöbert. Oder das Gespräch zwischen Vater und Sohn über die Epoche der Moderne. Als anti-narrativ eingestuft werden können die Lektionen über das Fotografieren, die Serenus von seinem Freund und Mentor David erteilt bekommt. Das schlagendste Beispiel dürfte das zweitletzte Kapitel sein, das in Wien spielt. Serenus gerät in einen ständigen Konflikt mit den Studienordnungen der beiden Universitäten. Er muss zweimal bei der Direktion vorsprechen und sich die komplizierten Usanzen erklären lassen. Der Text von *Serenus Roman Teil Zwei* (Mann 2017) verhält sich weit weniger antinarrativ. Ausnahmen sind z.B. die Beschreibungen der kunstgeschichtlichen Exkursionen, an denen Serenus auf Zypern teilnimmt.

6. Der PMR zitiert Texte und Autoren.

Intertextualität bezeichnet kein Stilmittel, sondern eine Theorie. Es existiert ein universeller Text, aus dem und an dem wir alle schreiben. Es kann nichts verfasst werden, was nicht Teil des universellen Textes ist. Deshalb erzählen alle Autoren auf der ganzen Welt dieselben Geschichten und verwenden dieselben Bilder und Metaphern. Nichts von dem, was ich schreibe, entspringt meiner individuellen Originalität. Es gibt keine Texte, die aus dem Nichts geschaffen sind. Aus dieser Not macht der PMR eine Tugend. Wenn sich der Schriftsteller dieses „Hypertextes" bedienen *muss*, dann soll er sich dessen auch bedienen *dürfen*, und zwar in aller Freiheit. *Ich schreibe, also zitiere ich.*

Die simpelste Form von Intertextualität besteht darin, dass der Autor seinen eigenen Text zitiert. *Agnes betet* (Mann 2017) bietet ein hübsches Beispiel dafür, weil Raya Mann das Selbstzitat bewusst und konsequent einsetzt. Der Roman besteht aus 40 Kapiteln mit durchschnittlich 5 bis 6 Buchseiten. Die Überschriften der Kapitel sind vorweggenommene Bruchstücke aus dem Text des jeweiligen Kapitels.

Die gängigste Form jedoch ist der Bezug auf den Text eines anderen Autors, auf eine kurze oder lange Passage, als wörtliches Zitat oder als Paraphrase. Mit der folgenden Beschreibung beginnt das letzte Kapitel von *Serenus Roman Teil Eins* (Mann 2017).

„Bina begegnete ihm nicht in einem Traum. Serenus stand wartend in einer Schlange von Studenten, die ihre Studiengebühren entrichten mussten. Die junge Frau stand vor ihm und sein Blick verfing sich in ihren dunkelroten, struppigen Haaren. Die Knochen ihrer Schulterblätter und Schultergelenke schimmerten durch die helle Haut hindurch. Er konnte auf ihrer Epidermis keinen Fehler entdecken. Ihr ganzer Körper schien aus Elfenbein oder aus Marzipan zu bestehen. Seine Frische und seine Unversehrtheit weckten eine seltsame Zärtlichkeit in ihm. Die Frau, die vor ihm an die Reihe kam, wirkte jedoch nicht wie ein Kind. Sie besaß die Beschaffenheit einer Frau Mitte Zwanzig, die ihre volle Schönheit noch nicht ganz entfaltet hatte. Nachdem der Angestellte am Schalter den Semester-Stempel in ihr Studienbuch gedrückt hatte, hörte Serenus sie fragen, ob es in dem Gebäude eine Cafeteria gäbe. Dann kam er an die Reihe." (MANN 2017, 351)

Die „Vorlage", auf die sich Raya Mann bezieht, ist eine Beschreibung aus dem 1957 erschienen Roman Homo Faber von Max Frisch (Frisch 1957). Beide Zitate wurden so gekürzt, dass die Analogie deutlicher hervortritt.

„Es war kurz nach der Ausfahrt, als ich das Mädchen zum ersten Mal erblickte. Man musste sich im Speisesaal versammeln, um anzustehen wegen Tischkarten. Eine ganze Schlange von Passagieren, vor mir ein junges Mädchen in schwarzer Cowboy-Hose, kaum kleiner als ich. Ich konnte ihr Gesicht nicht sehen, nur ihren blonden oder rötlichen Rossschwanz, der bei jeder Bewegung ihres Kopfes baumelte. Sie trug einen Pullover mit Rollkragen, existentialistisch, dazu Halskette aus gewöhnlichem Holz, Espadrilles, alles ziemlich billig. Sie rauchte, ein dickes Buch unter dem Arm, und in der hinteren Tasche ihrer Cowboy-Hose steckte ein grüner Kamm. Ich war einfach durch diese Warterei gezwungen, sie zu betrachten. Sie musste sehr jung sein: ihr Flaum auf dem Hals, ihre Bewegungen, ihre kleinen Ohren, die erröteten, als der Steward einen Spaß machte. Sie zuckte nur die Achsel. Ob erster oder zweiter Service war ihr gleichgültig. Sie kam in den ersten, ich in den zweiten." (Frisch 1957, 80)

Aus Raya Manns Profil auf der Self Publishing Plattform www.neobooks.com ist ersichtlich, dass die Autorin mit dem Werk von Max Frisch vertraut ist. Aber das beantwortet nicht die Frage, ob dieses Beispiel für Intertextualität absichtlich oder zufällig entstanden ist.

Hier weitere Zeilen aus diesem letzten Kapitel von *Serenus Roman Teil Eins* (Mann 2017), weil sie vielleicht typisch für das *Name Dropping* im PMR sind.

„Serenus öffnete den Rucksack und holte ebenfalls seine Lektüre hervor. Er las gerade ein Buch von Frederik Hetmann mit dem Titel Der Maler und das Kind. Szenen aus dem Leben des Francisco Goya. Es war eine Art historischer Roman und nicht einmal viel schlechter als Goya oder Der arge Weg der Erkenntnis von Lion Feuchtwanger. Seine Mutter hatte ihm das Buch zum Geburtstag geschenkt. Sie glaubte wohl, dass er immer noch an Heimweh nach Spanien litt." (Mann 2017, 352)

Bei einer Diskussion mit den Eltern erklärt seine Freundin Sabina ihnen:

„Serenus studiert doch antikapitalistische und ideologiekritische Wirtschaftstheorien und muss alle diese Marxisten lesen: Rosa Luxemburg, Hannah Arendt, Leszek Kolakowski und so weiter." (Mann 2017, 387)

Die folgenden Zeilen aus Serenus Roman Teil Zwei (Mann 2017) beweisen, dass Raya Mann auch das Werk von Heinrich Böll kennt. Der Architekt Heinrich Fähmel, die Abtei Sankt Anton, ihre Zerstörung und ihr Wiederaufbau bilden den Kern des Romans Billard um halb zehn von 1959. (Böll 1959)

„Serenus stieg auf sein Motorrad und beschloss, einen Umweg zu fahren. Er nahm die Straße zur Einsiedelei und von dort hinauf zum Stausee. Auf der anderen Seite, unten im Tal, konnte er die Abtei Sankt Anton sehen. Das neoromanische Kloster war vom damaligen Architekten und Preisträger Heinrich Fähmel erbaut, im zweiten Weltkrieg gesprengt und danach wiederaufgebaut worden." (Mann 2017, 235)

Im selben Buch findet sich ein Beispiel für postmodernes Sinnieren über den Roman eines anderen Schriftstellers.

„Er las in dem Buch, das er nach der Landung in Frankfurt gekauft und unterwegs zu lesen begonnen hatte, Effi Briest von Theodor Fontane. Effis pubertäre Liebelei mit dem Major Crampas flog Jahre später auf, weil sie die Liebesbriefe aufbewahrt hatte. Serenus ärgerte sich über den Dichter. Denn diese Effi, die, spätestens nach ihrem Fehltritt sehr genau wusste, was sie wollte und was nicht, und die ihren Baron von Innstetten sehr genau zu führen wusste, hätte sich niemals ertappen lassen. Er lag in seinem Eukalyptusbad, haderte mit dem Romancier und führte Selbstgespräche: ‚Klar kannst du, lieber Theodor, deine Hauptfigur in dieses verrostete Fußeisen hineinstolpern lassen. Das ist dein Recht als Dramaturg und Regisseur. Aber damit zerstörst du die innere Logik der Erzählung.'" (Mann 2017, 200)

Der Einsatz von vorgefertigten Textbausteinen, insbesondere aus den Massenmedien, ist auch ein intertextuelles Phänomen. Eine Passage aus Agnes betet (Mann 2017):

„Er stellte das Radio an und wählte einen Musiksender. Im Halbschlaf hörte er die Durchsage: ‚Achtung Autofahrer auf der Autobahn A3, Frankfurt-Köln, auf der Lahntalbrücke zwischen Limburg Süd und Limburg Nord steht ein Motorrad auf der rechten Spur. Bitte fahren sie äußerst vorsichtig.'" (Mann 2017, 135)

Typisch für Raya Mann ist die Rezitation von Lyrik an Wendepunkten der Handlung. In *Serenus Roman Teil Eins* (Mann 2017) sind es Gedichte von Federico García Lorca und in *Serenus Roman Teil Zwei* (Mann 2017) sind es Songs von Shakira (Shakira 2005). Das letzte Kapitel beginnt damit, dass Serenus im Auto das neue Album *Fijación oral* hört (Shakira 2005). Seine Sekretärin ruft ihn an und teilt ihm mit, eine Person namens Alba habe nach ihm gesucht. Tage später, auf der Rückfahrt, fällt ihm die kurze Affäre, die er mit dieser Frau hatte, wieder ein. Der Roman endet damit, dass Alba und Serenus sich eine zweite Chance geben. Diese Wendung wird von Shakiras Lyrik vorweggenommen:

„Ich erwarte nicht
Dass der Winter den Rosen verzeiht
Ich erwarte nicht
Dass die Ulmen Äpfel tragen
Jedoch erwarte ich
Bei einem Sterblichen
Die Ewigkeit zu finden"
(Mann 2017, 253)

In diesem Zusammenhang ist das folgende „Selbstzitat eines Fremdzitats" bemerkenswert. In *Serenus Roman Teil Eins* (Mann 2017) überträgt der Student Serenus ein paar Gedichte von Federico García Lorca ins Deutsche, eines davon, kurz nachdem er und Ana Maria sich getrennt haben. Das Gedicht beginnt mit dem Vers: „Die Kleine mit dem schönen Gesicht pflückt immer noch Oliven." (Mann 2017, 306). In *Die eine wahre Liebe* (Mann 2017), am Schluss des Romans, beschreibt die Ich-Erzählerin Raya, wie ihr Bruder ihr zum Einschlafen Gedichte vorlas, die er selbst aus dem Spanischen übersetzt habe, unter anderem das von der Olivenpflückerin. (Mann 2017, 218)

In Raya Manns Profil auf der Self Publishing Plattform www.neobooks.com ist zu lesen, dass die Autorin während des Studiums ein Jahr in Spanien gewesen sei und dass sie nach dem Studium als Übersetzerin gearbeitet habe. Die Vermutung liegt nahe, dass sie die Texte von Federico García Lorca und Shakira selbst ins Deutsche übertragen hat.

Intertextualität ist ein weites Feld mit vielen Spielarten und Beispielen. Etwa die russischen Sprichwörter in *Die eine wahre Liebe* (Mann 2017), die Rayas Freundin Nobila so sehr liebt. Es brauchen jedoch nicht nur Texte zu sein, andere Medien und Kunstformen kommen auch in Frage. Zum Beispiel zitiert Raya Mann auch Kinofilme, um eine Wendung in der Handlung anzukündigen, in *Serenus Roman Teil Eins* (Mann 2017) *Carmen* von Carlos Saura und Antonio Gades (Mann 2017, 124) und *Drowning by Numbers* von Peter Greenaway (Mann 2017, 361), in *Serenus Roman Teil Zwei* (Mann

2017) *La Vida es Silbar* von Fernando Pérez (Mann 2017, 77) und *Hable con ella* von Pedro Almodóvar (Mann 2017, 206).

7. Der PMR thematisiert das Lesen und das Schreiben.

Viele seiner Figuren beschäftigen sich mit Texten, nehmen Texte auf oder stellen sie her. Auch Schriftsteller kommen im PMR häufig vor. Einerseits drückt der Autor damit aus, wie wichtig ihm selbst die Buchstaben und Wörter sind, andererseits definiert er damit seine Leserschaft. Sein Publikum kann nicht nur lesen und schreiben, sondern es befasst sich vertieft mit dem Wort. Überhaupt scheint der PMR vorauszusetzen, dass seine Leser interessiert und gebildet sind.

In *Agnes betet* (Mann 2017) gibt es Figuren, die explizit lesen und schreiben. Serenus korrespondiert per Mail mit seinen Freunden. Er recherchiert über die Heilige Agnes von Rom. Für Serenus sind Kloster und Gemälde ein Buch mit sieben Siegeln. Er braucht die Gelehrtheit seines Bruders, der sich in die Fachliteratur und historischen Dokumente vertieft. Serenus liest drei Romane von Haruki Murakami. Zudem führt er ein Notizbuch, in dem er alle wichtigen Dinge festhält. Über einen Mitpatienten sagt Serenus: „Soviel ich weiß, las Jan gar keine Bücher." (Mann 2017, 157) Andererseits: „Jan hatte nie erwähnt, dass er Gedichte schrieb." (Mann 2017, 141). Hingegen führten Jan und Agnes ebenfalls eine Mail-Korrespondenz.

Die Hauptfigur von *Die eine wahre Liebe* (Mann 2017) ist Sprachwissenschaftlerin und Professorin für Linguistik. In Punkto Sprache ist sie eine Art Meta-Figur, was sie zur Heldin eines PMR prädestiniert. Sie hat sich sozusagen beruflich hochgelesen und hochgeschrieben. Es lohnt sich, einen Blick auf die einschlägigen Textstellen zu werfen. Sie schreibt z.B. über ihre Lektüre als Studentin:
„Bis zum Abschluss des Studiums las ich so wenig wie möglich und ganz gewiss keine schöngeistigen Texte. Ich besitze genau fünf Bücher aus meiner Zeit an der Uni, die ich mir von den Eltern jeweils zum Geburtstag schenken ließ: Ecrits de linguistique générale von Saussure, L'ordre du discours von Foucault, Grammatologie von Derrida, Le langage et la pensée von Piaget und La pensée sauvage von Lévi-Strauss. Da ich jedes in der Originalsprache las, war ich jeweils ein Jahr lang damit beschäftigt." (Mann 2017, 133)
Raya hat zwar eine Dissertation geschrieben, aber dass Serenus sie gelesen hat, ist für den Fortgang der Geschichte entscheidender, denn er nimmt sie zum Anlass, wieder mit ihr in Kontakt zu treten:
„Die Semantik von Macht und Ohnmacht – Zwischenrufe zur Antiterrordebatte brachte mir das Prädikat summa cum laude ein, die Zulassung zur Promotion, schließlich einen Doktortitel – und im Herbst 2003 den nächtlichen Telefonanruf. Serenus

hatte die Dissertation gelesen und fand sie ebenso tiefgründig wie kurzweilig. Die Lektüre sei schon wegen meiner kunstfertigen Sprache ein Genuss." (Mann 2017, 136)

Es folgt die Zeit als Assistenzprofessorin und erfolgreiche Forscherin:

„Nach fünf Jahren schloss ich das Projekt und die Niederschrift meiner Thesen und Erkenntnisse ab. Wenige Tage nach meinem siebenunddreißigsten Geburtstag erhielt ich die Habilitation, den Titel einer Professorin und eine halbe Stelle als Privatdozentin an unserer Fakultät. Ein Jahr später veröffentlichte ich ein populäres Sachbuch: Bin mit Heinz – aber mega. Die Sprache der SMS-Kurznachrichten." (Mann 2017, 49)

Interessant ist auch diese spätere Passage, weil sie auf den Gegensatz von Linguistik und Literatur hinweist:

„Margaryta, die ich schon seit vielen Jahren kannte und die den Posten einer akademischen Rätin für Slawistik an der Universität Konstanz innehatte, wünschte meinen Rückruf. Ich wurde sogleich neugierig und rief sie an.

‚Hast du viel zu tun?‘

‚Nein. Aber erzähl es nicht herum‘, antwortete ich.

‚Hast du die letzte Augustwoche schon verplant?‘

‚Nicht, dass ich wüsste. Wieso?‘ Ich wurde noch neugieriger.

‚Interessierst du dich überhaupt noch für Literatur?‘

‚Welche Art Literatur?‘ Ich war vorsichtig.

‚Brod, Werfel, Kafka, Rilke?‘

‚Für den böhmischen Sprachenkonflikt und die Literatur des Prager Kreises könnte ich eine Augustwoche opfern.‘" (Mann 2017, 146)

Über die literarischen Interessen der Hauptfigur in *Serenus Roman Teil Eins* (Mann 2017) und *Serenus Roman Teil Zwei* (Mann 2017) wurde im Zusammenhang mit Intertextualität schon einiges abgehandelt. Bleibt zu erwähnen, dass der junge Serenus fortwährend am Schreiben ist. Neben den Arbeiten, die er für das Studium verfasst, führt er ein ausführliches Tagebuch über seine Erlebnisse mit den Frauen und mit seinem Freund und Mentor David. Hingegen kommt er als Erwachsener nicht oft beim Schreiben vor.

8. Der PMR entsteht nicht beim Schreiben, sondern beim Lesen.

Manch einer, der sich mit der Theorie der Postmoderne auseinandersetzte, ist daraus nicht ganz schlau geworden. Das Adjektiv *postmodern* kursierte in den USA schon zu Beginn des 20. Jahrhunderts im Diskurs über die Literatur der damaligen Zeit. Es war abwertend gemeint. In Europa wurde das Wort erst in den Siebziger Jahren gebräuchlich. In dieser Ära hatte es vorerst weniger mit Literatur zu tun, sondern bezeichnete vielmehr den Mainstream in der Architektur. Das Paradigma der Moderne war die Formel *form follows function* gewesen. Für die äußere und innere

Gestaltung eines Gebäudes war nur das für seine Zweckmäßigkeit Notwendige zulässig. Die postmoderne Architektur dagegen verlangt Vielfalt und Nebeneinander der Formen und Stilelemente, die abgesehen von der Ästhetik keinen Sinn haben. Diese Begriffe von modern und postmodern lassen sich nicht 1 zu 1 auf die Literatur übertragen. Zwischen Architektur und Schriftstellerei gibt es keine Berührungspunkte.

In der Literatur über den PMR begegnet man öfter der Behauptung, der Begriff der Postmoderne sei problematisch, weil *postmodern* nur in der Abgrenzung gegenüber *modern* zu definieren sei. Das ist Unsinn. Ebenso wenig muss man sich mit dem Realismus befassen, um den Surrealismus zu verstehen. Der PMR heißt nur so. Er ist keine Weiterentwicklung des modernen Romans, und schon gar keine Gegenreaktion auf ihn.

In *Serenus Roman Teil Eins* (Mann 2017) führen Vater und Sohn ein längeres Gespräch über Kulturgeschichte. Serenus, knapp 17, zitiert seine Lehrerin für Kunsterziehung:

„Die Welt war während hundert Jahren ein Versuchslabor, sagt Gisela. Zwischen 1850 und 1950 wurde nur experimentiert. Hundert Jahre Frankenstein, nennt sie es. Dazu gehören die Psychoanalyse und der Marxismus, die Zwölftonmusik und der Jazz, das Bauhaus und der Expressionismus, die Vollnarkose und das Penicillin, die Atomphysik und die Konzentrationslager." (Mann 2017, 47)

Nach dieser These über das Fundament der Moderne folgt diejenige für die Postmoderne:

„Nach dem zweiten Weltkrieg lag nicht nur die Welt in Trümmern, sondern auch die Gesellschaft und die Kultur. Niemand, der darüber nachdachte, glaubte noch an ein göttliches Gesetz. Heute macht der Künstler, was er will, und das Publikum akzeptiert das inzwischen auch. Er kann wild drauf los schmieren oder eine pedantische Geometrie zeichnen oder ein Stück Abfall auf einem Sockel ausstellen." (Mann 2017, 49)

Zwischen moderner und postmoderner Kultur gibt es keinen fließenden Übergang. Der Abgrund ist zu tief und der Sprung zu weit. „Die heutige Kulturkritik muss sich mit dem größtmöglichen Gegensatz von Kultur und Barbarei befassen. Nach Auschwitz ein Gedicht zu schreiben, ist barbarisch. Kulturkritik muss sich der Frage stellen, warum es unmöglich geworden ist, Gedichte zu schreiben." So oder so ähnlich drückte es Theodor W. Adorno 1951 aus (Adorno 1977, 30).

Ursprünglich hatte die Literatur an sich selbst den idealistischen Anspruch gestellt, exemplarische und allgemeingültige Geschichten zu Erzählen. Man glaubte mit Texten für das Gute und gegen das Schlechte zu kämpfen. Jedoch in der brüchigen Realität nach Auschwitz und Hiroshima ist die Wahrheit unerzählbar und damit die Unwahrheit erzählbar geworden. Der Schriftsteller kann im besten Fall dem Anspruch genügen, seine subjektive Perspektive mehr oder weniger authentisch darzustellen.

Der PMR hat einen Autor, der über den Konstruktivismus Bescheid weiß. Konstruktivismus ist ein Sammelbegriff für moderne und postmoderne Theorien von der Wirklichkeit. Die Wissenschaft vom Hirn und die Wissenschaft vom Denken machten in den letzten hundert Jahren riesige Fortschritte. Dabei zeigte sich, dass Menschen einen Sachverhalt oder einen Gegenstand immer auf verschiedene Weise interpretieren. Niemals machen zwei Personen sich dasselbe Bild von der Welt, beziehungsweise, es existieren ebenso viele Welten wie Köpfe. Nicht die gegenständliche Welt ist die Wirklichkeit, sondern die mentalen Spuren, die sich beim Individuum davon bilden. Damit sind die alten Begriffe von Wahrheit, Objektivität und Erkenntnis hinfällig und müssen neu gedacht werden.

Es scheint so, als habe die Kulturtheorie auf diese Lehre gewartet, denn sie passt nahtlos zur Ästhetik der subjektiven Perspektive in der Kunst. Allerdings wäre die Schlussfolgerung, dass jedes Werk der subjektive Ausdruck des Künstlers sei, zu banal. War das nicht schon in der Moderne so? Die postmoderne Literatur bezieht den Konstruktivismus nicht auf den Autor, sondern auf das Publikum. In der letzten Konsequenz lautet die Formel: Der Roman entsteht nicht beim Schreiben, sondern beim Lesen. Es kommt also nicht mehr auf den einen Roman des Autors an, sondern auf die unzähligen Romane der Leserschaft. Um es auf die Spitze zu treiben: *Nach Auschwitz muss sich Kulturkritik der Frage stellen, ob es noch möglich ist, heute Gedichte zu schreiben, wenn bei jeder Lektüre desselben Gedichtes ein weiteres Gedicht entsteht.*

Weil der Autor den Konstruktivismus verinnerlicht hat, begründet der PMR ein bestimmtes Verhältnis zwischen ihm und dem Leser. Die implizite Botschaft lautet: *Du liest nicht das, was ich geschrieben habe. Der Text ist das, was Du beim Lesen denkst. Auch ich bin nur Deine Vorstellung von mir.* Dadurch wird die Haltung des Lesers gegenüber der Erzählung beeinflusst. Im besten Fall lässt sich der Leser mit Genuss auf das Glatteis der Mehrdeutigkeit von Wirklichkeiten und Figuren führen. Im ungünstigsten Fall zweifelt der Leser an der Glaubwürdigkeit des Erzählers. Dieser gerät in den Verdacht, er führe den Leser mutwillig in die Irre, oder er gebe vor, mehr zu wissen, als es der Wirklichkeit entspricht.

Als Beispiel für Raya Manns konstruktivistische Erwartung an den Leser bietet sich das offene Ende ihrer Erzählungen an. Im letzten Kapitel von *Agnes betet* (Mann 2017) besucht Serenus die suizidale Agnes in ihrem Versteck, dem einstigen Bahnwärterhaus, wo sie ein langes, rückhaltlos offenes Gespräch führen. Der Leser weiß, dass sie ihm das Versprechen abgenommen hat, ihr dabei zu helfen sich umzubringen.

„Bevor ihr die Augen zufielen, sah Agnes zu ihm hoch und sagte: ‚Ich werde jetzt schlafen. Bleibe noch eine Stunde bei mir. Pass bitte auf, dass ich nicht wach werde!'

...

Danach ließ Serenus alles stehen und liegen, wie es war. Ohne Hast machte er ein Dutzend Aufnahmen und verstaute die Nikon im Rucksack. Er legte Holz nach und verschloss den Ofen. Die Kerzen blies er aus. Den Weg nach draußen fand er im Dunkeln." (Mann 2017, 218)

Auf der Fahrt zurück in die Klinik erreicht ihn der Anruf seiner Psychiaterin. Serenus fragt sie:

„'Wollen Sie mir nicht sagen, worum es geht?'

Die Ärztin schwieg, aber es klang so, als ob noch jemand bei ihr im Raum wäre.

‚Ist Agnes bei Ihnen?', fragte er lachend.

‚Fahren Sie jetzt bitte los.'

Serenus schaltete das Handy aus und schaute auf die Uhr. Höchste Zeit für sein Medikament." (Mann 2017, 220)

Damit endet die Erzählung. Offensichtlich unterstellt Raya Mann dem Leser seine persönliche Version von dem, was genau sich im Bahnwärterhaus zwischen Serenus und Agnes abgespielt hat.

Serenus Roman Teil Eins (Mann 2017) endet damit, dass Sabina und Serenus sich trennen. Sie begleitet ihn noch bis zur Haltestelle.

„Als die Straßenbahn heranfuhr, fragte er: ‚Kann ich dich irgendwann anrufen. In einem Jahr?'

Sie schüttelte den Kopf.

‚Ein Jahr ist zu lang. In sechs Monaten.'

Als sich die Türen öffneten und er einstieg, sah er sich nicht um. In dieser Sekunde empfand er eine zwiespältige Gewissheit, sowohl, dass er Bina in einem halben Jahr wiedersehen würde, als auch, dass er sie niemals wiedersehen würde." (Mann 2017, 402)

Raya Mann überlässt die Fortsetzung dem Leser. Sie betont das offene Ende zusätzlich mit diesen ungestellten Fragen:

„Er hätte sich fragen müssen, was aus ihm als Mann und was aus seinen zukünftigen Frauen werden sollte. Wollte er weiterhin von einem Traum zum nächsten eilen? Oder wollte er sich auf die Suche nach Liebe von Dauer und Wirklichkeit machen? Doch selbst wenn sich Serenus keine solchen Fragen stellte, die Antworten würden gewiss nicht ausbleiben." (Mann 2017, 404)

Auch das Ende von *Serenus Roman Teil Zwei* (Mann 2017) appelliert an die Fantasie des Lesers. Serenus und Alba sind sich wiederbegegnet. Vor fünf Jahren hatte er sie damit verletzt, dass er nicht mit ihr schlafen wollte. Jetzt sagt sie zu ihm:

„‚Gib zu, dass du das Rad zurückdrehen würdest, wenn du könntest.'

‚Um Himmels willen! Ich würde alle meine Dummheiten ein zweites Mal begehen.'

‚Nein, das wirst du nicht, Liebster.'

‚Sag das nochmal!'

‚Diesmal wirst du keine Dummheiten mehr machen, mein Herz.'

Serenus erhob sich, reichte Alba die Hand und zog sie vom Sofa hoch. ‚Komm mit! Ich will alles an dir sehen und dich überall anfassen.'

‚Nur das? Oder willst du heute mehr von mir?'"
(Mann 2017, 271)

◌

Die Frage, ob postmoderne Literatur ein Genre oder eine Epoche oder ein spezielles Verfahren zur Produktion fiktiver Texte darstellt, bleibt offen. Eines ist sicher: Es ist nicht der Stil, der den PMR ausmacht. Denn auch hier gilt natürlich die Formel *anything goes*. Die Erzählung kann im Präsens oder im Imperfekt, in der ersten oder dritten Person, in direkter oder indirekter Rede geschrieben sein. Es kann eine reduzierte oder elaborierte Sprache zur Anwendung kommen. Die Geschichte kann in linearer Chronologie oder auf mehreren Zeitachsen vorgetragen werden. Sie kann parallel mit wissenschaftlichen Tatsachen und übersinnlichen Vorgängen angereichert sein. Der PMR als solcher kann nur an bestimmten literarischen Prinzipien erkannt werden, wie z.B. Fiktionalität, Brüchigkeit, Narrativität, Intertextualität, Interesse für Texte sowie Konstruktivismus. Die Werke von Raya Mann entsprechen zweifellos diesen Prinzipien.

Literatur

(Adorno 1977): Theodor W. Adorno: Kulturkritik und Gesellschaft. In: Gesammelte Schriften, Band 10.1: Kulturkritik und Gesellschaft I, „Prismen. Ohne Leitbild". Suhrkamp, Frankfurt am Main 1977.

(Böll 1959): Heinrich Böll: Billard um halb Zehn. Kiepenheuer & Witsch, Köln 1959.

(Derrida 1967): Jacques Derrida: De la Grammatologie, Éditions de Minuit, Paris 1967.

(Derrida 1967): Jacques Derrida: La Voix et le Phénomène, Presses universitaires de France, Paris 1967.

(Derrida 1967): Jacques Derrida: L'Écriture et la Différence, Seuil, Paris 1967.

(Frisch 1957): Max Frisch: Homo Faber. Suhrkamp, Frankfurt am Main 1957.

(Mann 2017): Raya Mann: Agnes betet. Epubli, Berlin 2017.

(Mann 2017): Raya Mann: Die eine wahre Liebe. Epubli, Berlin 2017.

(Mann 2017): Raya Mann: Serenus Roman Teil 1. Epubli, Berlin 2017.

(Mann 2017): Raya Mann: Serenus Roman Teil 2. Epubli, Berlin 2017.

(Shakira 2005): Shakira: Fiajción oral. Epic Records, 2005.

(Süskind 1990): Patrick Süskind: Die Taube. Diogenes, Zürich 1990.

ᛞ

David Förtsch schloss 1983 sein Studium der Geisteswissenschaften ab. Er arbeitete frei- und nebenberuflich als Übersetzer, Texter, Journalist, Öffentlichkeitsbeauftragter und Kommunikationsberater. Er war viele Jahre in der Hilfe für Drogenabhängige, Langzeitarbeitslose, Working Poors, Migranten und psychisch Kranke tätig. Seit seinem Ruhestand gilt sein Interesse wieder der Philologie.